AF338467

LA PETITE LANTERNE MAGIQUE,

OU

RÉCIT

DE GRANDS ÉVÉNEMENS.

Par M. Garonne.

A PARIS,

Chez Mongie l'aîné, Libraire, boulevart Montmartre, n°. 7, près le passage des Panoramas;

Et chez tous les Marchands de Nouveautés.

1814.

LA PETITE LANTERNE

MAGIQUE,

OU

RÉCIT

DE GRANDS ÉVÉNEMENS.

La voici, la voilà, la véritable Lanterne magique; accourez mesdames et messieurs, vous allez voir ce que vous allez voir, et pour commencer par le dernier commencement, voyez, voyez la ville de Dresde; voyez, voyez un petit caporal dont la valeur des armées françaises avait fait un géant; le voyez-vous entouré d'un petit reste de ces braves qui savent encore le rendre redoutable aux puissances de l'Europe toutes réunies contre lui. Ecoutez, écoutez les belles propositions qu'on lui fait; elles sont telles, qu'en les acceptant il peut encore, par une paix honorable, assurer le repos du monde et donner aux généra-

A

tions de la France, sacrifiées les unes après les autres à son insatiable ambition, le temps d'en voir succéder de nouvelles. Fera-t-il la paix, ne la fera-t-il pas ? IL NE LA FERA PAS.

Eh ! pauvres soldats, battez-vous tous comme des héros, si dans un moment de danger personnel, votre général n'ayant prévu aucun moyen de retraite, se voit serré de trop près, il fera sauter un pont ; peu lui importe de perdre la moitié d'une aussi brave armée, pourvu qu'il se sauve ; et voilà le pont qui vole dans les airs. Voilà qu'un brave colonel est indignement calomnié, car il fallait bien rejeter sur quelqu'un l'odieux d'une pareille mesure. Et voilà les ennemis qui étant vingt contre un, vous poursuivent jusqu'au Rhin. Voilà que les puissances coalisées pensant que dans cette retraite le géant aurait fait quelques réflexions, renouvellent leurs propositions de paix ; et voilà que pour cette fois on fait semblant de les entendre ; mais ce n'est qu'une ruse pour demander encore à la France un demi-million de braves, car on est bien décidé à sacrifier jusqu'au dernier homme et jusqu'au dernier sol, parce que les peuples ne sont qu'un vil bétail dont on peut vendre la laine et dévorer la chair. Et voilà que les ennemis poussent, poussent, poussent ; et voilà qu'un prince français revient en France, et gare, gare, gare aux princes de l'Empire ; et voilà qu'on parle encore de paix, qu'on ouvre le congrès de Châtillon, ce qui n'est encore qu'un jeu. Voyez, voyez ces braves soldats, ils font partout de nouveaux prodiges de valeur ; mais que peuvent-ils, quand il faut se battre contre des forces si inégales, et qu'on a de plus contre soi le manque d'esprit public, car il n'y a d'esprit public que lorsqu'il y a au moins un peu de bonheur public ; et voilà l'arrivée d'un autre prince français dans un pays où le cœur est aussi vif que la tête, et où, vite, vite, vite, on reprend la cocarde blanche, et gare, gare, gare aux princes de l'Empire. Mais on tient tant qu'on peut cette nouvelle secrète, et on parle de nouveau de paix sans en vouloir davantage. Et voilà que des milliers de braves se font encore tuer, tant est grande pour eux l'idée de la trahison où de la pusillanimité. Et voilà, ô désespoir ! ô honte ! que les soldats français errent blessés çà et là sans pansemens et sans asile, et nouveaux Bélisaires, sont obligés de mendier leur pain. Et voilà qu'on entasse ruse sur ruse, mensonge sur mensonge, et que tous les journaux sont remplis de bulletins et de récits tronqués ; et voilà que sur ces entrefaites, monseigneur qui ne veut pas qu'on le croie compromis, revient encore le soir faire la roue dans les galeries du Palais-Royal. Et voilà que les ennemis s'amoncèlent autour de Paris. Mais il y a encore des ressources, et quarante mille hommes de garde nationale peuvent être réunis à quelques vieilles bandes qui restent de l'armée. Mais voilà que par malheur le chef de cette garde est un roi fugitif qui a déserté son royaume, parce qu'on ne s'y souciait pas de lui; voilà que parmi ses divers commandans il en est qui savent mieux manier la plume que l'épée ; d'autres qui sont plus au fait de manœuvres secrètes que de tactique militaire, un grand nombre de citoyens qui ne veut plus aller combattre contre des armées qui ont avec elles des BOURBONS, et quelques-uns qui veulent bien se battre, mais pour servir de rempart à leurs femmes et à leurs enfans. Et voilà que l'ennemi s'avance et qu'il ne reste aucun moyen de tenir plus long-temps dans l'erreur les bons habitans de la ville de Paris. Voilà qu'une grande affiche couvre tous les murs de la capitale pour exciter ses habitans à faire une résistance qui sera courte et honorable. Lisez, lisez, on annonce aux parisiens qu'il ne s'agit que d'une colonne ennemie qui a été coupée, et que le géant poursuit avec une armée victorieuse ; mais on a l'imprudence d'ajouter qu'on a mis en sureté l'auguste princesse qui avait été confiée à la garde des parisiens, et dès-lors chacun ne voit dans l'affiche qu'un mensonge de plus.

Cependant il existe encore une telle sécurité à Paris, que plus d'un citoyen prend pour un simple exercice à feu le bruit du canon qui, le 30 mars, se fait entendre de bonne heure. Oh ! quoique ce spectacle soit affligeant, voyez, voyez l'effort du dévouement et du courage le plus sublimes ; voyez quinze mille soldats français, harassés de fatigue et manquant de tout depuis plusieurs jours, osant se mesurer avec une armée de cent quatre-vingt mille hommes et opposer la résistance la plus opiniâtre aux forces les plus disproportionnées. Eh ! que n'eût pas fait de plus cette armée de héros, si celui qui avait juré qu'on n'arriverait à Paris qu'en passant sur son corps, après avoir si bien su attirer à lui la plus grande partie de la gloire de nos braves, fût venu se mettre à leur tête dans une occasion aussi importante ; tous ils fussent morts sur le champ de bataille, ou l'ennemi ne fût pas parvenu à le dépasser ; mais Dieu qui veille à la gloire de la France, a voulu lui conserver des braves dont elle aura encore besoin. Cependant une résistance aussi héroïque, excite l'admiration des puissances coalisées, et un armistice honorable est conclu entre sept à huit mille soldats français et l'Europe entière sous les armes. Aussitôt ces ennemis deviennent alliés, et voilà les braves alliés qui entrent dans Paris aux acclamations d'un peuple immense, trop long-temps subjugué par le despotisme et par la terreur, pour ne pas se livrer à des sentimens d'espérance. Et voilà que, dès le même jour, cette espérance est confirmée. Une déclaration des puissances alliées annonce qu'elles ne traiteront plus avec celui à qui seul elles faisaient la guerre ; parce que seul, il portait obstacle à la paix et au repos de l'Europe. Elle annonce que la France est libre de se donner telle constitution qui lui paraîtra convenable ; que l'intérêt même de l'Europe exige qu'elle reste constamment une puissance grande et forte. ALEXANDRE est l'organe des alliés, ALEXANDRE dont l'amour et la reconnaissance des générations présentes transmettront au respect et à l'admiration des générations futures, le nom et les magnanimes vertus. Quelle garantie pourrait donc être plus certaine ?

Voyez, voyez comme plus d'une Parisienne regarde d'un œil coquet ce roi des rois ; c'est que ces belles dames savent bien que, comme

Henri IV, il est bon, galant et vaillant. Ecoutez, écoutez comme il s'excuse auprès d'elles de n'être pas arrivé plus tôt ; *c'est la valeur française qui a pu seule l'en empêcher*. Et voilà qu'un peuple immense se porte sur la place Vendôme, et voilà qu'on veut substituer l'emblême de la bonté à celui de la férocité, et tire, tire, tire ; tire car il tenait bien fort ; et enfin le voilà à bas, et voilà à sa place le drapeau de la paix et ces lys si chers à la France. Et voilà qu'affranchis d'un joug odieux, les Français ne forment plus qu'un seul vœu ; entendez ces cris qui s'élèvent de toutes parts, pour rappeler les BOURBONS. Le voilà, le voilà ce prince chéri qui possède à lui seul tout ce qui caractérise le mieux l'honneur et l'esprit national. Comme les Français sont heureux de le revoir ! combien lui-même il partage leur bonheur en se retrouvant parmi eux ! Voyez, voyez cette illumination générale, elle prouve bien que si les Parisiens ne se soucient pas souvent d'illuminer quand la police le prescrit, ils s'empressent bien de le faire quand c'est le cœur qui le demande.

Mais à qui appartient-il d'exprimer le vœu général de la France, si ce n'est à la seule autorité qui peut encore représenter la nation. Aussitôt le sénat proclame roi celui qui, d'après nos anciennes lois, n'a pas cessé de l'être, mais qui, dans cette occasion, trouve un titre de plus dans le vœu national. Voyez, voyez cette constitution. Le sénat dans cette occasion fait sa part assez belle ; mais, comme dit le proverbe, un tiens vaut mieux que deux tu l'auras, et le sénat né tient pas encore ce qu'il a voulu si généreusement se donner ; c'est ce qui sera réglé en grande assemblée de famille.

Enfin le Roi est rendu à nos vœux, et ce jour fortuné met le comble à notre félicité. Voyez, voyez ce digne fils de Henri IV ; voyez, voyez ce peuple immense faisant éclater de toutes parts les témoignages de sa joie et de son contentement : c'est le retour d'un père chéri au milieu de ses enfans. Il y a bien à travers cela quelques mines un peu refrognées ; mais gardez-vous d'en mal augurer : ce sont de vieux soldats qu'un point d'honneur excessif, en raison de quelques circonstances particulières, peut inquiéter encore ; mais ils sont Français, ils ne seront jamais étrangers au bonheur de la France ; et à la première occasion, ils ajouteront de nouveaux trophées à sa gloire. Voyez, voyez le Roi recevant partout sur son passage les témoignages les plus passionnés d'amour et de respect ; voyez, voyez surtout cette auguste Prin-

cesse à qui les Français ne sauraient prodi-
guer trop d'amour et d'hommages, pour éloi-
gner de son cœur des souvenirs cruels. Ah!
prosternons-nous tous aux pieds de cet ange
tutélaire de la France.

Mais ici le tableau se rembrunit de nouveau. Voyez, voyez en effet le triste état dans
lequel ce bon Roi retrouve la France ; voyez
l'armée manquant de tout ; voyez les campa-
gnes désertes et ravagées ; voyez le peuple
gémissant dans les villes sous le poids de la
misère la plus affreuse ; voyez le commerce
anéanti, la dette publique énorme, et, malgré tant d'impôts, malgré les fonds immenses
provenus de tant de millions de cautionne-
mens sans cesse dévorés à l'avance, toutes les
caisses publiques restées vides. Comment le
Roi pourra-t-il donc faire pour réparer tant
de désastres, et pour faire face aux dépenses
nouvelles et inévitables qui proviennent des
suites de la guerre ? Certes, ma magie ne s'é-
tend pas jusque-là ; mais heureusement le Roi
a une magie qui vaut mieux que la mienne,
et je parierais qu'il sera un assez grand ensor-
celeur pour remédier à tout, si on le laisse
faire, et que chacun surtout ne veuille pas
faire passer son intérêt particulier avant l'intérêt général. Ecoutez, écoutez en effet les

clameurs qui s'élèvent de ces assemblées nombreuses que vous avez en ce moment sous les
yeux.

Dans la plus brillante de ces réunions sont
plusieurs grands personnages. Messieurs, dit
l'un d'eux, les premiers Français sont ceux
qui par leur naissance et par d'éminens ser-
vices rendus par leurs ancêtres au Roi et à
l'Etat, doivent aujourd'hui être considérés
comme les plus fermes appuis du trône. Fai-
sons donc valoir nos droits, car nous ne de-
vons point rester confondus avec des gens nouveaux qui, sans parler des plus criminels, ont
presque tous souillé leurs titres par la com-
plaisance la plus servile.

Eh ! messieurs, cela ne peut point être
contesté, s'écrie-t-on à côté ; mais comment
faut-il donc que le Roi agisse, lorsque même
dans le premier corps de l'Etat tant de gens
anciens ont fait comme les gens nouveaux ?

La paix ! la paix ! dit en s'avançant grave-
ment un ministre des autels ; la religion, d'a-
près toutes les lois divines et humaines, doit
passer avant tout ; mais point de majesté de
culte, point de religion, si les abbayes et la
dîme ne sont pas rétablies.

Messieurs, la justice vient immédiatement
après la religion, et vous le savez tous, la jus-

tice ne sera dignement administrée en France, que lorsqu'on y verra rétablis les Parlemens. Ces institutions antiques se rattachent aux époques les plus glorieuses de la monarchie, et ont toujours été les plus fermes soutiens de nos Rois.

Oui, s'écrie-t-on, jusqu'au refus d'enregistrer l'impôt territorial et celui du timbre.

C'est pour servir la cause du Roi, dit un autre, que nous avons émigré. Le retour de Sa Majesté doit donc nous être un sûr garant que nous serons réintégrés dans nos biens, car notre cause est celle du Roi lui-même.

Eh ! Messieurs, s'écrie un militaire couvert de nombreuses blessures, vous aurez tout le temps de faire valoir vos titres et vos droits; mais avant tout, morbleu, il faut faire une paix honorable à la France. Le Roi n'a qu'à dire un mot, et à l'instant il a quatre cent mille braves...... Comme sans s'en douter, se disent entr'eux deux officiers civils, ce bon militaire sert à merveille nos intérêts. Appuyons, appuyons fortement son avis, car pour nous qui avons gagné sans nous battre, nos dotations en pays étrangers, c'est le seul moyen de les recouvrer. Oui, la guerre, la guerre, s'écrient-ils aussitôt !

Eh ! Messieurs, il y a bien eu assez de sang

répandu, l'Europe en est inondée; il faut enfin s'occuper des finances, car vous le savez,
l'argent est le nerf de la guerre. Il faut donc
commencer par songer à rétablir le crédit
public, et pour cela il n'est qu'un seul moyen,.
c'est de créer de nouveaux fermiers-généraux.

Les fermiers, dit un commerçant, sont les
vampires de l'Etat. Messieurs, sans commerce
point de prospérité, point de véritable gran-
deur ; mais sans franchise de port, point de
commerce maritime.

Messieurs, l'industrie manufacturière est
ce qui fait le plus valoir les produits de l'a-
griculture ; mais l'industrie manufacturière est
perdue à jamais en France, si, comme on le
dit, il est question en ce moment d'un traité
de commerce avec l'Angleterre.

Messieurs, dit avec beaucoup de bienséance
un personnage vêtu de noir, les notaires sont
les dépositaires des actes qui intéressent l'honneur et la fortune de tous les citoyens, et il
me paraît juste de leur rendre le titre de con-
seillers du Roi, dont ils ont toujours joui sous
nos souverains légitimes.

Messieurs, personne de vous ne pense aux
jurandes ; cependant cette belle institution,
qui a existé dans les temps les plus reculés
de la monarchie, aurait un double avantage,

le public serait mieux servi, et l'Etat y re-
trouverait des ressources pécuniaires dont il a
le plus grand besoin dans les circonstances
actuelles.

Messieurs, vous convenez tous que l'Etat
a besoin d'argent, et sous ce rapport, ces
écrivains audacieux qui abusant de l'effet d'une
liberté illimitée de la presse, osent faire im-
primer des libelles contre l'administration des
jeux de hasard, ont grand tort, car cette administration paye à elle seule au-delà des dépenses de la police, et une bonne police est
indispensable dans une ville telle que Paris.

Le préopinant a mille fois raison; oui Messieurs, pour conserver le bon ordre, pour
maintenir l'esprit public à la hauteur des circonstances, il faut une bonne police, et ce
n'est pas trop de quarante mille citoyens très-
actifs dans ce genre pour Paris, car l'esprit
de la capitale, comme vous venez d'en avoir
la preuve, a toujours eu la plus grande in-
fluence sur le sort de la France.

A bas le mouchard! à bas le mouchard!

Mais quels cris séditieux se font entendre
vers celle de ces réunions qui est la plus éloi-
gnée? Que demandent ces hommes qui s'a-
vancent en tumulte? Ecoutez, écoutez, DE
L'OUVRAGE! DU PAIN!

(14)

Eh quoi! déjà moins pour satisfaire à un luxe qui lui est étranger, que pour fournir des moyens d'existence aux ouvriers, le Roi n'a-t-il pas ordonné la reprise de certains travaux? Et lorsqu'à son arrivée il trouve une dette énorme, les caisses publiques sans le sol, et celles des particuliers épuisées par les circonstances désastreuses qui ont eu lieu, notamment depuis la retraite de Moscou, dépend-il de lui de faire cesser à l'instant tous les besoins? — Mais un tel mouvement de la part des ouvriers qui, depuis long-temps, sont accoutumés à souffrir sans se plaindre, ne peut être occasionné que par l'effet de quelques suggestions perfides? Essayons de voir ce qui en est à travers la petite Lanterne magique. — Ah! voyez, voyez, voilà qui s'éclaircit.... Eh! ce sont des *frères et amis* qui jouent de leur reste. Ils ont cru le moment favorable pour faire une petite espiéglerie révolutionnaire. Eh! voyez, voyez ces jacobins à cheval qui donnent de l'argent aux jacobins à pied. Eh! voyez, voyez ces gens qui demandent du pain. — Comment donc, ils disent qu'ils ont l'estomac vide! mais ils ont les poches pleines. —Et puis on ne s'avise jamais de tout; qu'ont-ils donc fait de leur livret (1)? Ah! frères,

____

(1) Il est bien connu en ce moment que plusieurs

frères, ne vous y frottez pas ! Le Roi est bon; mais il est solide au poste : prenez garde de lui donner l'idée de rétablir cette institution qui a pour but d'élever dans les airs les gens qui se conduisent mal sur la terre.

Mais voyez, voyez ici un nouveau tableau se présente. C'est un homme âgé. — Il est seul; il réclame du silence; écoutez, écoutez:

Messieurs, les cris séditieux qui se sont élevés à la suite de vos prétentions diverses, doivent vous démontrer mieux que je ne pourrais le dire, la nécessité de faire à l'intérêt général le sacrifice de quelques intérêts particuliers. Nous sommes tous Français, et aucun de nous ne peut être étranger au bonheur et à la gloire de la France ; mais n'oublions pas que la plus grande et la plus forte partie de la génération actuelle, car il faut comprendre dans ce nombre tous les citoyens jusqu'à l'âge de quarante ans, a traversé une longue révolution qui la rend moins familière à des institutions ou à des idées plus anciennes

---

des personnes qui ont été arrêtées par suite de cet attroupement avaient sur elles 30 francs et au-delà, et que le plus grand nombre n'a pu produire de *livret*, ce qui prouve bien que ce n'était pas des ouvriers, mais des agitateurs.

auxquelles il faut lui donner le temps de revenir peu à peu. *Les Français aujourd'hui datent tous du 1er. avril;* c'est-donc le cas de dire, *autre temps, autres mœurs.* Si vous daignez m'en croire, prenons le seul parti qui puisse nous mettre tous d'accord. Que chacun de nous, se regardant comme membre d'une même famille, s'en rapporte à la décision du père commun. Le Roi a besoin de nous voir heureux: le Roi était déjà un des princes les plus éclairés de l'Europe, avant que vingt-cinq ans de malheurs et de chagrins, et son séjour chez des peuples étrangers, dont il a pu apprécier les institutions civiles, en eussent fait un philosophe profond. S. M. vous a déjà annoncé qu'elle était résolue d'adopter une constitution libérale ; mais afin que cette constitution pût être sagement combinée, elle a convoqué pour une époque très-prochaine le Sénat et le Corps-Législatif, en s'engageant à mettre sous leurs yeux le travail qu'elle aurait fait avec une commission choisie de ces deux corps. Songez à l'Etat déplorable dans lequel le Roi trouve la France, aux circonstances particulières qui sont en ce moment la suite inévitable de la guerre, aux embarras de toute espèce que ces circonstances difficiles doivent entraîner. Craignez, craignez surtout

de fournir , par des divisions intestines , une
arme puissante aux regrets intéressés ou aux
efforts coupables de quelques factieux. Eh !
qu'importe à cet ambitieux que la cumulation
de ses places faisait insulter à la misère publique par un luxe révoltant , que désormais
la misère publique cesse ? La France sera plus
heureuse , mais il court risque de perdre une
partie de ses immenses revenus. Qu'importe
à cet homme vain , qui pouvait reverser sur
tant d'autres les tons arrogans qu'il n'avait
à supporter que d'un seul , que désormais
l'homme probe ne soit plus repoussé avec le
même dédain ? Le mérite sera moins avili ;
mais cette morgue insultante était , pour ce
servile ambitieux , une jouissance nécessaire à
son orgueil. Qu'importe à cet être immoral
que l'exemple des vertus et de la religion dont
l'auguste famille des Bourbons ne cesse de
fournir le modèle à l'Europe, serve à ramener
une partie du peuple français vers des prin-
cipes moins relâchés de morale et de religion.
Les enfans méconnaîtront moins l'autorité
paternelle, les parens aimeront à remplir plus
scrupuleusement les devoirs qui leur sont im-
posés, l'or ne servira plus autant de sauve-
garde au vice ; mais les désordres même de la
société favorisent des désirs coupables , et si

la source n'en peut être tarie, ces désirs désormais offriront une jouissance de moins, celle qui provenait de leur publicité.

Ces tableaux ne sont point exagérés, et je pourrais leur en faire succéder bien d'autres; mais mon but est moins de récriminer ici, que de vous ramener à des sentimens plus conciliatoires. Que chacun de nous, au lieu de songer à ce qu'il peut avoir perdu en particulier, ne considère donc que ce qu'il peut gagner dans l'intérêt général; rapportons-nous-en tous à la justice du Roi; et confians dans ses promesses et dans la pureté de ses intentions, évitons d'augmenter ses chagrins et ses embarras par des prétentions qui ne pourraient que l'affliger, lorsqu'en l'état actuel des choses il lui est impossible d'y déférer en entier.

Là-dessus les uns applaudissent, les autres crient de plus belle; et afin de ne pas vous ennuyer plus long-temps par des tableaux qui n'auraient peut-être pas le bonheur de vous plaire, je ferme ma Lanterne magique.

DE L'IMPRIMERIE DE PORTHMANN,
RUE DES MOULINS, N°. 21.